mini monde vivant

Les bébés loups

Bobbie Kalman

Traduction de Marie-Josée Brière

Catalogage avant publication de Bibliothèque et Archives nationales du Québec et Bibliothèque et Archives Canada

Kalman, Bobbie

   Les bébés loups

   (Mini monde vivant)
   Traduction de : Baby wolves.
   Comprend un index.
   Pour enfants de 5 à 8 ans.

   ISBN 978-2-89579-483-7

   1. Louveteaux - Ouvrages pour la jeunesse. I. Titre. II. Collection: Kalman, Bobbie. Mini monde vivant.

QL737.C22K3314 2013   j599.773'139   C2012-940820-4

Dépôt légal – Bibliothèque et Archives nationales du Québec, 2013
Bibliothèque et Archives Canada, 2013

Titre original : *Baby Wolves* de Bobbie Kalman (ISBN 978-0-7787-4900-4) © 2011 Crabtree Publishing Company,
616, Welland Ave., St. Catharines, Ontario, Canada L2M 5V6

Pour Kiera Wilson-Grant, une charmante jeune fille !

Recherche de photos
Bobbie Kalman

Illustrations
Barbara Bedell : page 12

Photos
BigStockPhoto : page 8, 14 (en haut), 17 (à droite), 20 (en haut à droite et en bas au centre), 22 (à gauche) et 24 (tanière et cycle de vie – médaillon, à droite)
Dreamstime : pages 13 (en haut), 15 (en bas), 18 et 23 (en haut à gauche)
© Greg Koch, gkphotography.net : page 9
iStockphoto : page couverture et page titre
Photo de Tibor Jäger, Parc zoologique de Ramat Gan, Tel Aviv, Israël : pages 5 et 24 (téter)
Tom Vezo/naturepl.com : page 16
Shutterstock : quatrième de couverture, pages 3, 4, 6, 7 (sauf en bas à droite), 10, 11, 12, 13 (en bas), 14 (médaillon), 15 (en haut), 17 (à gauche et en bas), 19 (en bas), 20 (en bas, à gauche et à droite), 21 (sauf en bas à gauche), 22 (à droite), 23 (sauf en haut à gauche), 24 (corps, nourriture, habitat, cycle de vie – sauf médaillon, à droite –, langage et meute)
Wikipedia : Royal Natural History Volume 1 : pages 11 (en haut) et 24 (squelette)
Autres images : Corel et Creatas

Direction : Andrée-Anne Gratton
Traduction : Marie-Josée Brière
Révision : Johanne Champagne
Mise en pages : Mardigrafe inc.

© Bayard Canada Livres inc. 2013

Nous reconnaissons l'aide financière du gouvernement du Canada par l'entremise du Fonds du livre du Canada (FLC)
pour des activités de développement de notre entreprise.

Conseil des Arts   Canada Council
du Canada   for the Arts

Bayard Canada Livres inc. remercie le Conseil des Arts du Canada du soutien accordé à son programme d'édition dans le cadre
du Programme des subventions globales aux éditeurs.

Cet ouvrage a été publié avec le soutien de la SODEC. Gouvernement du Québec – Programme de crédit d'impôt pour
l'édition de livres – Gestion SODEC.

Bayard Canada Livres
4475, rue Frontenac
Montréal (Québec) H2H 2S2
Téléphone : 514 844-2111 ou 1 866 844-2111
edition@bayardcanada.com
bayardlivres.ca

Imprimé au Canada

Table des matières

Qu'est-ce qu'un loup ?

Les loups sont des mammifères. Les mammifères sont des animaux dont le **corps** est couvert de poils ou de fourrure. Les loups ont une fourrure épaisse. Les bébés mammifères naissent vivants. Ils sortent du corps de leur mère, et non d'un œuf. Les bébés loups portent le nom de « louveteaux ». Ils font partie de la même famille que les chiens, mais ce sont des animaux sauvages. Ils ne vivent pas avec des humains. Ils vivent dans la nature.

Les mères loups donnent naissance à des **portées** de louveteaux. Une portée, c'est un groupe de plus de deux bébés qui naissent en même temps. Combien de louveteaux a cette louve?

*Les mères mammifères nourrissent leurs petits avec du lait qu'elles fabriquent à l'intérieur de leur corps. Quand les bébés boivent ce lait, on dit qu'ils **tètent**, comme les louveteaux qu'on voit ici.*

La famille des chiens

Comme les chiens, les loups appartiennent à la famille des canidés. Les renards, les coyotes, les lycaons, les chacals, les dingos et les chiens domestiques sont tous des canidés. Les loups sont les plus gros des canidés.

Ces bébés dingos vivent en Australie.

Les lycaons sont des chiens sauvages d'Afrique. Ils sont beaucoup plus petits que les loups.

Les renards sont aussi des canidés. On en trouve un peu partout dans le monde.

Les chiens domestiques vivent avec des humains. Leur grosseur, leur forme et leurs couleurs sont très variées.

Les coyotes vivent uniquement en Amérique du Nord. Ils sont plus petits que les loups.

Les sortes de loups

On dit généralement qu'il existe trois espèces, ou sortes, de loups. Ce sont les loups gris, les loups roux et les loups d'Éthiopie. Mais certaines personnes croient maintenant que tous les loups sont des loups gris. Ces gens pensent que les loups roux sont issus d'un croisement entre des loups gris et des coyotes. Ils pensent aussi que les loups d'Éthiopie sont des chacals plutôt que des loups.

loups gris

Il reste très peu de loups roux dans le monde ! On en trouve encore environ 300, mais seulement 100 à 120 d'entre eux vivent dans la nature. Les autres sont élevés par des humains. Les loups roux sont plus petits que les loups gris.

9

Le corps des loups

Les loups ont quatre pattes, une queue et un museau. Leur corps est couvert de fourrure. Les loups arctiques sont blancs, mais la fourrure des autres loups peut contenir des poils roux, gris, noirs ou bruns. Nomme trois des couleurs de poils de ce louveteau.

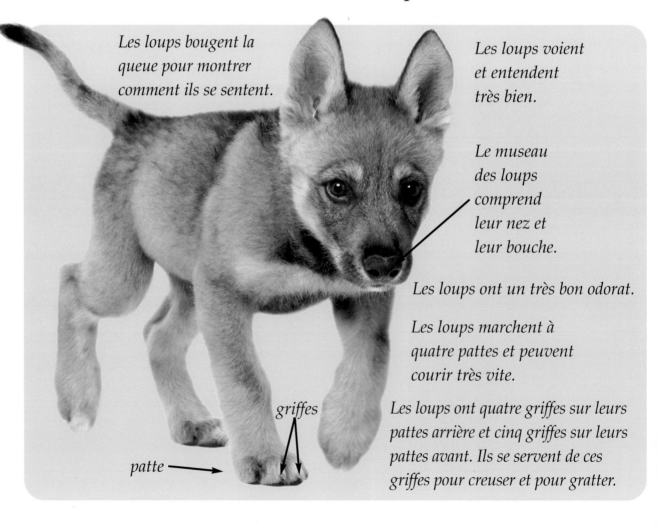

Les loups bougent la queue pour montrer comment ils se sentent.

Les loups voient et entendent très bien.

Le museau des loups comprend leur nez et leur bouche.

Les loups ont un très bon odorat.

Les loups marchent à quatre pattes et peuvent courir très vite.

Les loups ont quatre griffes sur leurs pattes arrière et cinq griffes sur leurs pattes avant. Ils se servent de ces griffes pour creuser et pour gratter.

griffes

patte ⟶

Les loups sont des **vertébrés**. Les vertébrés sont des animaux qui ont une colonne vertébrale. Les loups ont aussi beaucoup d'autres os solides qui soutiennent leur corps. Tous ces os forment le squelette.

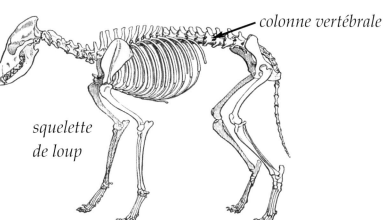

colonne vertébrale

squelette de loup

molaire

prémolaire

canine

incisive

Les loups ont des dents faites pour manger de la viande. Ils mordent avec leurs incisives. Ce sont leurs dents d'en avant. Ils déchirent leurs aliments avec leurs canines, appelées « crocs ». Et ils broient et mâchent leur nourriture avec leurs molaires et leurs prémolaires.

11

Les habitats des loups

Les endroits où vivent les animaux dans la nature, ce sont leurs **habitats**. La forêt, la montagne, la toundra, le désert et la prairie sont les habitats des loups. Plus de 50 000 loups vivent au Canada.

forêt

montagne

toundra

désert

prairie

On trouve entre 13 000 et 16 000 loups aux États-Unis. Celui qu'on voit sur la photo vit dans une montagne du Parc national de Yellowstone.

Ces louveteaux vivent dans une prairie. On y trouve des herbes et de nombreuses fleurs.

Cette mère et son petit vivent dans une forêt. Les forêts comptent beaucoup d'arbres et d'autres sortes de plantes.

Les loups arctiques vivent dans la toundra. La toundra est un endroit froid et venteux où il n'y a pas d'arbres. Les loups arctiques sont des loups gris, mais ils ont une épaisse fourrure blanche.

13

La vie en famille

Les parents loups et leurs petits vivent en familles appelées « **meutes** ». Les meutes peuvent compter de 2 à 20 loups, mais la plupart en comprennent à peu près 6. Les membres de la meute vivent tous ensemble et travaillent en équipe pour chasser d'autres animaux.

Le père et la mère sont les chefs de la meute. Ils sont les seuls à faire des bébés. Les autres loups suivent les chefs.

Chaque meute de loups a son propre territoire. C'est l'endroit où elle vit. Sur ce territoire, la meute trouve de l'eau fraîche et assez de nourriture pour tous ses membres. Pour tenir les autres meutes à distance, les loups marquent leur territoire avec leur urine, c'est-à-dire leur pipi.

*Les mères loups cachent leurs petits dans une **tanière**. C'est leur maison. Les loups aménagent leur tanière dans un trou creusé dans le sol ou sous des pierres. Les louveteaux y sont en sécurité. Cette famille de loups est à l'extérieur de sa tanière.*

Les mères et leurs petits

Les bébés loups viennent au monde au printemps. Ils naissent dans leur tanière et ils y restent quelques semaines. Les louveteaux naissants sont aveugles et sourds. Ils sont incapables de s'occuper d'eux-mêmes. Ils passent leur temps à dormir et à téter. Leur mère les garde au chaud près de son corps.

Ces louveteaux tètent à l'extérieur de leur tanière. Le trou qu'on voit devant leur mère est l'entrée de la tanière.

Le cycle de vie des loups

Les loups naissent en portées de quatre à sept petits. Les louveteaux grandissent et changent, jusqu'à ce qu'ils deviennent adultes à l'âge de 22 mois. Ils peuvent alors faire des bébés à leur tour. Entre la naissance et l'âge adulte, tous les animaux passent ainsi par une série de changements qu'on appelle un « **cycle de vie** ». Chaque fois qu'un bébé naît, un nouveau cycle de vie commence. Ces photos montrent les différentes étapes du cycle de vie des loups.

Les loups adultes peuvent faire des bébés.

Les louveteaux restent dans leur tanière.

En grandissant, les louveteaux se joignent à la meute.

Les jeunes loups

Après leur naissance, les louveteaux se nourrissent de lait. Ils commencent aussi à manger très tôt. Les loups sont des carnivores, ce qui veut dire qu'ils mangent de la viande. Quand les louveteaux ont deux semaines, leur mère commence à leur donner de la nourriture qui vient de son estomac. Elle fait remonter de la viande qu'elle a déjà mangée et qui est maintenant liquide. On dit qu'elle régurgite. Elle met cette viande dans la bouche de ses petits, qui peuvent ainsi s'alimenter plus facilement.

Vers l'âge de quatre semaines, les louveteaux commencent à sortir de leur tanière. Ils quittent la tanière pour de bon vers huit semaines et suivent la meute jusqu'à un lieu de rassemblement situé sur leur territoire. La meute change de lieu de rassemblement toutes les quelques semaines. À trois mois, les louveteaux commencent à apprendre à chasser.

Vers sept ou huit mois, les jeunes loups se mettent à chasser avec la meute. Chaque louveteau doit ensuite se faire une place parmi les autres jeunes loups. Celui qui se tient debout, sur la photo à droite, est le louveteau dominant. Celui qui est couché montre qu'il est soumis au louveteau dominant. Il ne l'affrontera pas.

Le langage des loups

Les loups envoient des messages aux autres loups pour leur indiquer comment ils se sentent. Ils se servent de différents sons et du langage corporel, c'est-à-dire de la position de leur corps, pour faire comprendre aux autres ce qu'ils veulent.

Les loups hurlent pour communiquer entre eux. Ce louveteau hurle pour appeler sa mère.

Quand les oreilles d'un loup sont dressées, c'est qu'il est à l'écoute.

En baissant sa queue entre ses pattes, le loup montre sa soumission au chef de la meute.

Ce louveteau a la tête baissée et les oreilles tirées vers l'arrière. Cela signifie qu'il a peur.

Ce loup gronde, montre ses dents et regarde son ennemi dans les yeux pour lui faire peur.

Le loup qui est debout montre que c'est lui, le chef ! L'autre loup se couche sur le dos, les oreilles tirées vers l'arrière, pour montrer qu'il est moins fort.

Ce louveteau lèche sa mère pour qu'elle fasse remonter de la nourriture de son estomac. Il a faim !

Quand le loup chasse, il garde sa queue bien droite et se penche vers le sol, prêt à bondir sur sa proie. Une proie, c'est un animal qui se fait chasser.

Est-ce un loup ?

Plusieurs membres de la famille des canidés se ressemblent. Après avoir lu ce livre, connais-tu bien les loups ? Lesquels de ces canidés sont des loups ? Lesquels n'en sont pas ? Tu trouveras les réponses à la page 23.

Index et mots à retenir

fourrure

corps
pages 4, 5, 10-11, 16, 20

cycle de vie
page 17

habitats
pages 12-13

langage
pages 20-21

meutes
pages 14-15, 17, 19, 20

nourriture
pages 11, 15, 18, 21

portées
pages 5, 17

tanière
pages 15, 16, 17, 19

Et aussi...

téter
pages 5, 16

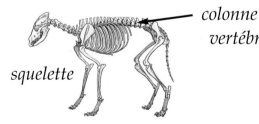

colonne vertébrale

squelette

vertébrés
page 11